BEI GRIN MACHT SICH IHR WISSEN BEZAHLT

Bibliografische Information der Deutschen Nationalbibliothek:

Die Deutsche Bibliothek verzeichnet diese Publikation in der Deutschen National-bibliografie; detaillierte bibliografische Daten sind im Internet über http://dnb.d-nb.de/ abrufbar.

Impressum:

Copyright © 2007 GRIN Verlag
Druck und Bindung: Books on Demand GmbH, Norderstedt Germany
ISBN: 9783656844891

Dieses Buch bei GRIN:

https://www.grin.com/document/284029

Anonym

Vorlesungsmitschrift zu 'Kalter Krieg'

GRIN Verlag

GRIN - Your knowledge has value

Der GRIN Verlag publiziert seit 1998 wissenschaftliche Arbeiten von Studenten, Hochschullehrern und anderen Akademikern als eBook und gedrucktes Buch. Die Verlagswebsite www.grin.com ist die ideale Plattform zur Veröffentlichung von Hausarbeiten, Abschlussarbeiten, wissenschaftlichen Aufsätzen, Dissertationen und Fachbüchern.

Besuchen Sie uns im Internet:

http://www.grin.com/

http://www.facebook.com/grincom

http://www.twitter.com/grin_com

1. Kalter Krieg:

Def.: die nach dem 2 WK im Rahmen des O-W-Konflikts diplomatische, wirt. od. pol.-propagandistische, jedoch nicht milit. geführte Auseinandersetz. zw. Machtblöcken SU u. USA.

1. Begriff: Kalter Krieg: ab 1947 in öffentlichen Reden kam Begriffsbenutzung auf, politischer Kampfbegriff, dann ideologischer, in Ost und West verbreitet, bis 1950 überall

2. Was beschreibt der Kalte Krieg?
- Anfang nicht ganz klar einzuschränken, weil auch Begriff 2ter Kalter Krieg von 1949 –85
- Zeitspanne 1917 bis 1991, ideologische Kriegserklärung 1917
- beschreibender Begriff: Auseinandersetzung zwischen USA und SU (West und Ost) 1970
- an Existenz der SU gebunden, bis Auflösung 1991 →realsozialistischer Staat/System
- SU entsteht mit 2.WK →Einflussbereich wächst von 1/6 auf 1/3 der Weltbevölkerung →
  Kollaps der europäischen Staate; ab 1920 Russland zieht sich aus Welt zurück in eigenes Land
- USA aber noch präsent →erst wenig Konflikte, 1933 aber zusammengebracht →gegen D
- 1917 und bei Februarrev. Wilson amerik. Programm zur Neuordnung (Revolutionierung)
- Jan. 1918: 15- Punkte Programm für nationale Selbstbestimmung (Selbstregierung) gegen
  Fremdherrschaft von Wilson →gegen leninistisches Russland
- Lenin erklärt darauf der Welt den Krieg → politikmäßig nicht umsetzbar
- Kampf gegen Kommunismus→ Nachkriegsordnung um 3.WK zu verhindern
- 1941 in Krieg mit eingetreten → man kennt Feind (Teil des Planungskalküls)
- USA und SU Nachkriegsverhältnis ideologisch schon vorgeprägt → 1917 Vorgeschichte
- Beginn K.K. 41 am besten und 61/62 Ende (Berlin- und Kubakrise) →Höhepunkt
- Atomarer Waffenkrieg in Gefahr → beide Seiten hatten erkannt, dass das einzige Lösung, aber
  dann gäbe es nur noch Besiegte, keine Sieger

3. Verschiedene Phasen des Kalten Kriegs (Periodisierung)
1. 1941- 1945: Latenzphase: Kriegseintritt bis Potsdamer Konferenz

2. Inkubationsphase: machtpolitische Ansprüche, 1940 –1947 Stalindoktrin (Potsdam.Konferenz)

3. 1ste Eskalationsphase (1947 –1955):
konventionelles Wettrüsten, Blockbildung, Teilen D's, Dekolonisierung →militärische Phase

4. 1954/1955: Beendung Vietnam- Krieg nach Präsidentschaftswechsel
friedliche Koexistenz →Zwischenphase Intervention 1956, Suez- Krise: London, Paris
Kriegsordnung (2te Eskalation), Neues Denken in Entspannungsphase → gesteigertes Wettrüsten

4. Was macht den Kalten Krieg aus?
- Frage der Schuld immer zu klären versuchen
- für Zeitgenossen mit allen Mitteln des Kriegs geführter Krieg
- es gab keine Neutralität: Appeasment gab es aber nicht, sondern dagegen halten
- man will nicht abwarten, bis es zu spät ist →tödlich ernster Kampf
- Krieg mit SU nach Außenminister Dallas unvermeidlich, deswegen präventiv geführt →auf
  Wettrüsten folgt Wettrüsten (Fatalismus)
- Zeitgenossen haben Gegner Kriegsziel unterstellt und für sich selbst in Anspruch genommen
  →kein Kompromiss, nur bedingungslose Kapi. d.h. Militarisierung, Ausspitzelung, Blockbildung

- letzte Konsequenz Nationalismus wegen K.K. (im inneren des Staats)
- Osten ist zurückgeblieben, keine Wertvorstellung (Barberei), sondern eher gewaltsam
- Westen dann eher Kapitalismus, kulturelle Bedrohung → Infragestellen kultureller Werte zu Zeiten des Kalten Kriegs →entscheidend für Wahrnehmung
- 60er Jahre Dualismus: 1. Machtpolitik und Ideologie 2. Konfrontation und Kooperation
- unterschiedliche Entw. K.K. dadurch → nur Relation auf USA und SU

1. Bedingungskonstellation: Zerfall der Reiche (europäische Kolonialreiche, chinesische, osmanische) → mit 1945 (Kriegsende) Machtvakuen entst. (freie Räume für neue Ordnu.)
2. Kampf um Einfluss und Sicherheitszonen: alle an Grenze zu SU → SU braucht Partner usw. gegen USA (Feind → Rohstoffgebiete in Südostasien)
   →SU will einkreisen verhindern→ Ausbruch, USA will Eindemmen der SU
3. Ideologisierung d.Machtpol.: Verfolgung Präsidenten usw→ Herst. innerer Geschlossenh.
4. Atomares Pat: Kriege sind nicht mehr führbar
5. **Entstehung der Blöcke**

2. Nachkriegskonzeptionen der Großmächte 1941 –45:USA, GB, F, SU, China
- USA – SU → globale Konkurrenzstellung
- bis 1944 Konferenz Potsdam → integrieren neue Konflikte
- eigene Ziele→Realität nach Krieg→Ambivalenz
- Konzeptionen beinhalten Konfliktlagen →Ausbruch als Krieg beendet
- Planung wie mit Gegnern umgehen (besiegten)
- 1. Sieger erst abwartend, wie sich Lage in besiegten Gebieten entw. Würde (destabilisierend)
- entweder Kriegspartner machen Konzeption mit oder Konkurrenz
2. Status Quo? → nach Krieg oder ändern dessen (wie weit dringt Rote Armee in Europa ein?)
3. Siegermächte innenpol. Probleme (Dt. musste von Kriegs- auf Friedensgesellschaft umgestellt)
4. internationales System: Rolle Atomb. n. 2WK (USA Herrscher darüber od. GG des Schreckens
→ Ambivalenz: defensive Sicherung der erreichten Positionen, Wdh. Status Quo, Misstrauen
gegen and. Seite (Erwartung nur durch Kooperation 3WK vermeiden könne, lauerndes Abwarten)

USA: - wollen sich nicht zurückziehen, sondern Friedensordnung gestalten (Freihandelkonzept)
- New Deal: Bekämpfung Arbeitslosigkeit, trotzdem kein Aufschw.(Nachkriegsdepression)
- Mittel- und Westeuropa durch Dt. kontrolliert (Handel verschlossen), dafür Japan Einfluss
- Ursache: Weltwirt.krise, Vorraussetzung für Kommunismus, Faschismus (Ursache 2WK)
- Hull, Byrnes, Morgenthau Handelsverkehr freier gestalten (Frieden durch Freihandel)
- Überschussproduktion ermöglicht neue Exportmöglichkeiten
- Nationale Sicherheit hieß: Ausdehnung Einflussbereich, Kapitalausdehnung
- Kollektivistische Systeme: durch Einflussnahme politische Macht → USA versucht
  Bündnispartnern ihre Konzepte aufzuzwingen; Land-Lease (US-Leih- u. Pachtgesetz)
→ erstes mit GB: Common Worth → Verpflichtung gegen Gegner der USA vorzugehen
- musste alles verkaufen für Krieg, GB hofft auf zinslosen Kredit der USA für Wdaufbau
- 1946 F ähnliche Bedingungen wie GB, SU profitiert von Lend-lease-Lieferungen
- USA hofft auf Aufbaubedarf der SU, aber Stalin schon im Krieg auf Nachkriegszeit vorb.
→ Atlantikcharta 1945: Erklärung Grundzüge der Nachkriegsordnung (+Kanada, F):
  1. Verzicht auf Gebietserwerb 2. Pkt.ordnung 3. alle Staaten gleiche Bedingungen zutritt z
  zu Markt und Rohstoffe der Welt 4. wirt. Kooperation 5. allg. Sicherheitssystem

Atlantikcharta: 1941 von F.D. Roosevelt und Churchill vereinbarte Erklärung der USA und
Großbritanniens über die Grundlagen einer künftigen Weltordnung. Später schloss sich die SU
an.1942 erkannten alle damaligen Kriegsgegner Dtl.s die A. als gemeinsames Programm an
- von USA alles finanziert und beherrscht (ökonomisch: Einfluss in Volkswirtschaften)
- Konflikt: europ. Märkte; Hegemonie der USA: Nachkriegsordnung muss gestaltbar
  bleiben → gemeinsam in Sicherheitsrat (Frieden in Ordnung garantieren)→Hegem.von 4
- 4 Siegermächte sollten Ordnungsfkt. Ausüben: SU, GB, China, USA → Abrüstung Lände
- wenn Kooperation nicht fkt., dann atomare Waffen (hängt v.SU ab, ob Gegner od.Partner)
1. Sowj. Diktatur nicht expandierend (SU sollte Vorrangstellung haben) 2. SU gewaltige
  Zerstörung →Hilfe 3. wenn Misstrauen, Verhandlung schwierig, Stalin persönlich 4.
  Verständigung schwierig aber unvermeidlich → kollektive Sicherheit für SU

GB: - Kriegsziel: Weltmacht bleiben, aber USA eigentlicher Sieger (GB von USA abh.)
- Ziele: 1. Kriegsverlust USA wettmachen 2. Dt. soll stark bleiben, aber nicht zu stark
  (Handelspartner gegen USA, Gegengewicht gegen F) 3. SU globaler Gegner
- Schaukelpolitik, weil nicht entscheiden, wer Gegner USA oder SU
- GB arrangiert sich immer mit zweit stärkerem (Churchill kommt SU entgegen)

- SU soweit wie möglich im Osten halten, damit starkes Dt. und starkes Mitteleuropa
- Churchill lässt Notpläne mit Dt. entw. → Stalin nimmt was er kriegen kann
- Dt. Selbstverwaltung, noch mal gegen Rote Armee (Dönitz →Admiral, Nachfolger Hitler)
- Churchill konnte sich nicht durchsetzen → **Eiserner Vorhang:** von Churchill 1946 geprägtes Schlagwort für die Abschließung des sowj. Machtbereichs von d. übrigen Welt.
- USA nicht an Konfrontation SU, sondern an Kooperation interessiert
- Containment (Eindemmung) der SU→cordon sanitaire→Appeasement Dt. (stark machen)
  → will SU zur Kooperation zwingen (Nachkriegsordnung)

F: - 1945 noch mal Großmacht wegen geopol. Situation, vor 1945 schwächer als Dt., überholen
→ Versuch Dt. zu schwächen (wollte moderne Gesellschaftsordnung nach Dt. Vorbild)
- F innenpol. Geschwächt → ökonomisch zurückgeworfen, außenpol. Handlungsunfähig
- 1944 Befreiung F (Normandie) → Wiedererstehung als europ. Kontinentalmacht (Grundlage Weltmacht) → Kolonien zurückerobern, um Anerkennung
- SU nicht interessiert, F als Weltmacht, GB drängt auf F zu integrieren(Sitz in Kontrollrat)
- F nicht nach Jalta und Potsdam eingeladen; Charles de Gaulle (Diktator, keine provisorische Reg., erhielt für Außenpolitik Zustimmung der Kommunisten (Rückkehr Status Kolonialmacht, Nationalstaat); wollte Rückkehr Großmacht→Schaukelp.(SU, GB)
- USA wollten F nicht 1. pragmatische Kooperation mit SU(Einkreisung D→Sicherheit da) 2. Reparationen aus D, gemeinsames Ziel, S., G. (Abkommen F-SU→Geburtstd. Neues F) →D sollte wieder in souveräne Kleinstaaten geteilt werden (Ausgliederung Preußen aus D, Loslös. der Saar, Besetzung Rheinland durch F, Ruhrgebiet nicht (klein) F überlassen, Polen in europ. Machtperspektive eingebunden; → konstruktive Lös. erreicht in Dt.
- Ost- u. Südosteuropa müsste bei SU Schutz suchen vor D → SU aber nicht in Lage dazu
- Westdt. Abgetrennt →SU kein Interesse, Mitteldt. In franz. Machtfeld fallen (Hegemonie)
- Gaulle Vetoposition erreicht → behindert durch Blockadepolitik (stärkere Pos. Im KK)

SU: - Mitte 1930er Jahre als Gromacht mit Gestaltungs- und Mitspracherecht in intern. Politik
- nutzte dt. Revisionismus, um gegen sie gerichteten Staatengürtel unter Einfluss zu bringen
- Hitler durch Appeasement im O gegen Westm. abzulenken, keine pol. Kosten gescheut
- Wollte Zugang zum Mittelmeer → Balkan (rumänisches und persisches Öl)
- Einerseits vordringen Mitteleuropa, andererseits Balkan in Richtung Mittelmeer (Konflikt GB vorprogrammiert→in Machtposition bedroht → deswegen Containment)
- Vorerfahrungen: 1. Eindemmung SU 2. aus 2WK: Hitler unterschätzt, Misstrauen gegenüber Westmächten, Kooperation Nachbarn mit 3tem Reich →unzuverlässig
- Permanenter Überlebenskampf gegen Rest der Welt, mögl. Abh. von USA
- Bereit Weltrevolution voranzutreiben → Revolutionen scheiterten alle (Faschismus I)
- Aufbau Freundschaftsverträge mit Nachbarn, innerer Aufbau, Ziel: Versailler Ordnung zerstören, Spielraum Stalins; Einmarsch Rote Armee in Polen, Massenerschießung→ Ausdehnung sozialistisches System, Einflussbereich; 1942 Bündnis mit GB
- Entschlossenheit: 1. gewonnene Positionen nicht räumen 2. Positionen sowjetisieren 3.von USA und GB diese Zugeständnisse machen lassen, zweigleisige Politik
- Nachkriegskooperation mit Westmächten → Wiederaufbau SU ermöglichen
- Stalin will Zerstückelung Dt., später zurückgenommen, aber Besetzung Dt. v. Rote Armee
- Will Berlin erobern, Angst, dass Dt. Verträge mit and., lässt Dönitz verhaften

3. Kriegskonferenzen der Alliierten

Teheran-Konferenz: Konferenz 1943 in Teheran zw. Churchill, Roosevelt und Stalin über militär. Zusammenarbeit, die Besetzung Dtl.s, Nachkriegsplanung u.a.
- Grundzüge der europ. Nachkriegsordnung →Stalin in territorialer Hinsicht durchgesetzt
- Westmächte zu Zugeständnissen bereit, Briten Absicherung eigene Position, USA nicht an territorialen Fragen interessiert (handelspolitische Interessen)
- Vorbereitung in Kairo C. und R. mit Chiang Kai-shek, v. Abwarten u. Lauern geprägt
- Moskauer Konferenz: SU schlägt Front vor, GB Verhandlungsfrieden, befreite Gebiete verwalten, Einflusssphären und Einsetzung einer europ. Beratenden Komission
- USA: 4-Mächte-Erkl., zukünft. Dt., SU: Frage milit. Überleben, Vertagen Probl. n. Krieg
- USA meist auf Seite der SU, Grenzlinie SU und GB (Wunsch R.: S. als Partner, da 1.bevorstehende Wahlen → osteurop. Minderheiten als Wähler 2. nach Krieg SU dominierende Weltmacht → Kooperation mit USA, auf Kosten der Briten 3. Unterstützung SU gegen Japan → von Stalin durchschaut
- **Ergebnisse:** 1. Landung in Normandie (für USA, SU Priorität) 2. Verstärkung Offensive im Mittelmeerraum (Polen nach Westen verschoben) 3. Baltikum, Königsberg nach SU 4. Behandlung Restdt. offen (R. u. S. für Teilung → an Saar (Ruhrgebiet) u. N-Oseekanal
- 1943 gemeinsame Besetzung und Verwaltung → europ. Beratende Komission
- Nord- u. Süddt. Bund abgelehnt ; F durch Kollaboration mit Dt. Recht Großm. Verwirkt
- Errichtung Weltfriedensorganisation (eigentl. Gewinner SU)

Jaltakonferenz:(Februar 1945) Auf der J. einigten sich Roosevelt, Churchill und Stalin u.a. über die Aufteilung Deutschlands in Besatzungszonen, die polnische Ostgrenze, die Bildung einer demokratischen Regierung für Polen, die Grundlagen der UNO. Die UdSSR sagte gegen territoriale und politische Zugeständnisse den Kriegseintritt gegen Japan zu.
- politische Konzession in Europa, Kooperationsbereitschaft überprüft (SU)
- am. Truppen an Rhein, sowj. An Oder; nichtabsehbarer Krieg gegen Japan
- vor Jalta: Hauptstreitpkt.: Polen (ganz besetzt)
- USA Vermittlung SU-GB: GB will Unabh. Polens → Einflussbereich SU eindemmen
- Teile der Reg. Bereit, Anerk. der Kommission: 1. Verpflichtung SU Krieg gegen Japan 2. Errichtung Sicherheitsrat für Europa 3. Prinzipienerklärung
- Churchill will auf Probe stellen: Testfall Iran (Ölinteressen); USA: Polen zum Testfall
- R. und C. machen S. Zugeständnisse (Grenzen: Oder-Neisse-Linie → innere Gestaltung Polens von Stalin); R. hofft, dass Polen sow. Regierung wählte
- USA an Polen kein Interesse; ökon.u. kulturelle Öffnung Europas (für USA)
- SU vorherrschenden Einfluss (Anerkennung SU Hegemonie)

Potsdamer Abkommen: 1945 auf der **Potsdamer Konferenz** zw. Truman, Stalin und Attlee (der Churchill ablöste) und ihren Außenmin. gefassten Beschlüsse. Vereinbart wurden u.a.: 1) Grundsätze der polit. und wirtschaftl. Behandlung Dtl.s. 2) Reparationen. 3) Übertragung der Verw. der dt. Ostgebiete an die UdSSR und Polen bis zu einer Friedensregelung; dabei wurde der UdSSR die Unterstützung ihres Anspruchs auf Königsberg und das umliegende Gebiet zugesagt. 4) Die Ausweisung der Deutschen aus den osteurop. Gebieten. 5) Errichtung eines Rats der Außenmin. der 3 Mächte, Ch. u. F (Sitz London); 1. Aufgabe Vorber. Friedensvertr. Mit Ländern
- Westmächte mit Hilfe „polnischer Frage" and. Probleme (Dt. Frage) blockieren
- → S. sieht das als Abrücken von Vereinbarung, kein Thema mehr für ihn

- durch Polen, Dt.frage offen halten (beide Seiten), Einheit Dt. gewollt (Zugang Osteu./Ruhrgeb.) → Kompromiss wegen innere Gestaltung Dt. → eigene Position Ausbau
- Konflikt der Nachkriegsordnung: Polenfrage (SU testen), Truman Nachfolger Roosevelt
- USA drängen GB zur Verhaftung Dönitz (Nachfolger Hitler, „Reichskanzler")→Verhaft.
- Rote Armee volle Kontrolle über Besatzungszone, SU abh. von USA-Krediten
- Atomare Testzündung der USA → Machtdemonstration, Stalin unberührt, aber Forschung
- Ford. S.: 1.Neutralisierung Bosberus (ungehinderter Zugang Mittelmeer)2. Gebiete (Dodekanes) und Stützpkt. (Kolonialmacht in Afrika) 3. Mitspracherecht Tangar
- Politik Stalins in Dt.: es wird 2 Dt. geben; gesamtdt. Zentralverwaltung (Konfliktpkt.)

4. Krise im Mittelmeerraum und Nahen Osten 1946/1947: Irankrise
- Naher Osten: Iran, Saudi- Arabien, Israel, Kuwait, Türkei
- Erölvorräte im Iran (Mangel Erdöl)→Verlagerung des Konflikts (Machtpolitik, Ideologie)
- wird zum Testfall (Konflikt zwischen 3 Großmächten)
- GB: Iran und Quelle am persischen Golf beherrscht, USA: Saudi- Arabien dafür (arab.HI)
- Kuwait zwischen ihnen aufgeteilt (1928 Red Line)
- britisch- amerikanisches Kartell: gemeinsames (Kontroll-) Monopol für gesamte Welt
- Erwartung des Konflikts mit SU → Mittelmeerraum sehr wichtig für sie
- Iran wendet sich an USA → soll britisch kontrolliertes Land befreien
- Wiederaufbau Europas (Umstellung Kohle aus Ruhrgebiet auf Erdöl)
- Irankrise durch SU ausgelöst, wegen Forderung Mandat über Palästina, Libyen
- 1944 Geheimdienst (SU) in Außenpolitik involviert→Konflikt USA, GB über milit. Präsenz als Besetzungsmacht im Nordiran→Briten Rückzug (auch aus Griechenland)
- innerpersische Konflikte: Autonomieforderungen, bürgerkriegsähnliche Situation
- Irankrise vorbei → Türkeikrise (Flottendemonstration USA), Griechenlandkrise 45/46
- USA nicht in Griechenland intervenieren (kein Trumandoktrin)

5.Krisenfrühjahr 1948: I, F, Tschechoslowakei, Berlin-Blockade

- Trumandoktrin : Kriegsordnung, Krisen alle gleichzeitig, Griechenlandkrise 1947
- SU betont Abh. Länder von USA, will das sie sich aus Europa zurückzieht
- 1948 Freundschafts- und Beistandspakte der SU mit and. Ländern → Maßnahmen für Sicherheit: Rote Armee, Konsolidierung des eigenen Machtbereiches, Gleichschaltung pol. System, Kommunistische Parteien in and. Ländern
- mit Kominform Kalter Krieg in Europa erklärt; Marshallplan (neue Pol. USA)
- SU sieht Gefahr in Marshallplan: enorme Präsenz USA, Westzonen von Dt. mit einbezogen, Dt. Reparationen für USA, ökon. Eindringen der USA in Osteuropa, Kommunistische Parteien kein Ansehen mehr durch Ökonomie
- Massen sollen mehr arbeiten, Kom. Wollen Patriotismus in Ländern, scheinradikale Ford.
- Stalin war bedenkenlos: hat Griechenland nicht unterstützt
- F: Kom. In Regierung beteiligt, Arbeiterbewegungen, Wiederaufbau mögl. (außenpol. Programm De Gaulles, Ruhrgebiet muss verteidigt werden)
- 1947 Kommunistische Partei Selbstvernichtung (Verluste in Versicherungen)
- Streiks der Arbeiter gegen Willen der Kommunistischen Parteien, USA will Vernichtung
- F Marshallplan pos., Unterstützung zum Wiederaufbau, Gesamteuropa Marshallplanlösung

Italien: besiegtes Land, keine Siegermacht, Monarchie restaurieren, Volk für Republik 1946/47
- ausgelöst durch Furcht vor Machtergreifung der Kommunisten durch Putsch
- KPI aus Reg.gedrängt, Eskalation innenpolit. Sit. in I→Putsch d. Kom. in Ind.region N It.
- Beschluss der USA: Truppen abziehen, falls Putschgefahr (man vertraute I nicht)
- De Gaspari: Vorschlag amerikanischer Truppen, im Mittelmeerraum
- Milit. Vorstellung USA: tägl. Am. Flugzeuge über I, Streitkräfte nach Sizilien
- USA legt Waffenlager an→Pläne: 1. Maßnahmen: Wiedereinführung Wehrpflicht in USA 2. Ausbau am. Flotte (Waffenangebot an I→USA bringt Waffen über Bremer Haven, Stornierung durch Gaspari, weil Angst, dass Taktik der Kommunisten)
- Democrazia Cristiana,: Abkürzung DC, ita. Partei, im 2 Weltkrieg illegal entstanden

T: - SU zieht R. Armee 1946 aus T weg,sich selbst überl., versucht T auf Seite bringen, wie USA
- Lage T: eigentlich nach Westen verlagert, aber hat sich nach Osten orientiert → glaubt an Brückenfkt. Ost –West, Umwandlung Volksdemokratie erst erspart
- Abh. SU 1947 → Ablehnung Marshallplan, Wirt.krise, Konflikte in Reg.
- starke kommunistische Partei in T (Gottwald KPC)
- nationale Front: wichtigste Ressourcen unter Kontrolle halten müssen
- Freundschaftsvertrag mit SU vor Trumandoktrin (keine Gegenmaßnahmen SU)
- SU zieht sich von Marshallplan zurück (Ausgrenzung SU) → Delegation nach Moskau
- alle slawischen Verträge abgelehnt, wenn T annimmt, dann keine Verträge
- USA hat T in Arme von SU –Einflussbereich getrieben (Geschäft erleichtert)
- neue Kreditangebote → USA will kein Abkommen mit T mehr (will nichts mehr ändern)
- ökonomische Westorientierung ist Mittel→Land bestraft, wenn Nichtannahme Marshallplan, Einbruch an Produktivität → Handel durch USA behindern
- Missernte in T 1947: SU kann Lücke durch Export nicht kompensieren → USA um Hilfe bitten, aber Botschafter aus Prag sieht Situation noch gut
- Bev. T Opfer: Regierungskrise → Mobilisierung Kommunisten, Nichtkommunistische Minister treten aus Regierung aus → neue Regierung

Berliner Blockade: von der Sowjetunion verhängte Sperrung der Land- und Wasserwege für den Personen- und Güterverkehr zwischen Berlin (West) und Westdeutschland vom 1948/1949, während der die Versorgung von Berlin (West) durch die von den USA und Großbritannien errichtete Luftbrücke sichergestellt werden konnte.

- Dt.frage→ Blockgrenze (Härte demonstrieren, obwohl Tsch. Verloren
- 1947 USA Teilungsvorschlag, Westzonen stabilisieren (Währungsreform)
- Ultimatum: innerhalb von 60 Tagen Lösung, dann aus Kontrollrat weg
- SU: Auszug aus Kontrollrat → 4 Mächte Verwaltung Gesamtdt. →Blockade Berlins (SU als Teil ihrer Zone angesehen)
- 1948 SU erklärt Verhinderung der Weststaatgründung (Westmächte Flugzeuge gegen Blockade → Niederlage eingestanden) → Fronten: I, F (west), Dt. Teilung
- milit. Konfrontation in Berlin immer mögl., SU: Entschluss zur Separatstaatsgründung (Londoner 6- Mächte Konferenz); entweder Westmächte Einheit Dt. oder Berlin in SBZ
- Totalblockade 1948 → wirt. Abwehrmaßnahme gegen Währungsreform in Westzonen
- Luftbrücke nicht auf lange Sicht Erfolg durch Westen, Westmächte, Modell Liechtenstein (Clay) währungs-, zoll- und handelspol. An SBZ angliedern
- Blockade erwies sich als wirkungsvoll, SU musste Niederlage eingestehn, USA Macht

6. Entstehung der Blöcke 1947- 1955: Marshallplan, NATO, Warschauer Pakt

- USA: Sicherheitszone global definieren → Ein/Auskreisung SU (Containement), „Politik der Stärke", Führungsanspruch, Kriegsrisiko
- **schrittweise Lern – und Suchprozess der Entstehung:** 1. sichern von Rohstoffen usw. 2. Formen und Ergebnisse (dir., indir. Herrschaft), 3. Konstellation innerhalb der Blöcke (Machtgefälle in NATO anders) 4. Strategische Begebenheiten: Kostenfrage, Frage nach Umgang mit Dt., Japan (neue Angriffe, Gefährdungen) 5. innenpolitische Dimension: W– O
- **Stufen:** 1.ökonomische Stufe 2.milit. St. 3.Pol.Stufe (baut auf 1,2 auf →USA erfolgr. als SU)

Marshallplan: Europäisches Wiederaufbauprogramm, engl. Abk. **ERP,** auf Vorschlag von G.C. Marshall 1947 geschaffenes (seit 1948 in Kraft) Programm der amerikan. Wirtschaftshilfe an westeurop. Staaten (Sachlieferungen und Kredite); bis 1952 Leistungen im Werte v. 13 Mrd. $
- außenpolitisches Programm, amerikanische Grundsätze: 1. Freihandel (wirt. Stabilität soll vor Chaos schützen) 2. Ausbreitung der Macht verhindern → Freihandel bedingt durchgesetzt, wirt. Folgeschäden WK unterschätzt, Grenzen eigenes ökon. Potenzial
- 1.Auslandshilfeprogramm soll Verschlechterung verhindern, Situation verbessern
- 2.strategisch: Rohstoffe, Arbeitskräftepotenzial, Militärstreitkräfte, Industrielles Potenzial
- **Erwartungen:** 1. Zusammenhang Griechenland – Türkei: Geld reicht nicht für wichtige Länder 2. amerikanisches Außenhandelsproblem lösen (Import/Export) →potenzielle Handelspartner nehmen keine Dollar (wirt. Krise, wenn USA kein Export) 3. großes Hilfsprogramm (Freihandel) 4. Wiederaufbau Europa 5. Wiederaufbau Dt. (keine dt. Reparationen mehr → Güter nicht mehr kostenlos, jetzt selbst bezahlen → Widerstand SU, F geht so → SU dann verantw. für Teilung Eur.) 6. Hoffnung, d. Wirt.hilfe verlock. Angebot→europ. Märkte öffnen
- Planungsziele weiter, als deren Erreichung; nach Ablehnung SU: Trumandoktrin
- **Programm:** 1. Interessen USA: Wiederaufbau 2. USA Konjunkturaufschwung (Länderadministratoren →in dem Maß kaufen, wie USA gesagt) 3. OEEC (europ. Staaten Zusammenschluss 4. Verpflichtungen der Teilnehmerländer (Wechselkurse abstimmen, Abbau Handelsschranken, Zugang Rohstoffe durch Handel) 5. Kontrolle der Hilfsgelder (Staatsgeheimnisse) → SU nicht beigetreten
- trotz Einfluss USA, Angebot Begeisterung, da Probleme nicht gelöst werden konnten (16 West- u. Südeurop. Staaten Beteiligung → CEC)
- Einfluss auf Dt. Verhältnisse, Europ. Zahlungsunion, Bevorzugte Behandlung Italiens
- Gegenbeteiligung SU: RWG (Rat für Wirt.hilfe)

Marshallplan: a) polit.: Scheitern Moskauer Außenministerkonferenz, Griechenlandkrise b)ideologisch: Truman-Doktrin (Containement) c) ökonomisch: Wirt.krise in GB, Wirt.hilfe Griechenland/Türkei, Exportprogramme, europ. Kreditbedarf
- westeuropäische Lösung nicht ohne Ruhrkohle möglich
- Wiederaufbauprogramm: 1.US-Binnenmarkt: Export Landwirt., Import Rohstoffe 2. Europäer nach Maßgabe USA Kolonialgebiete öffnen 3. nichts ohne Zustim. USA (ECA-Administrator)
- Kominform 1947: Nachfolge Komintern, Abwehr Marshallplan, Disziplinierung der west- u. osteuropä. KP's→Streikwellen in I, F gegen Marshallp., 2-Welten-Theorie Schdanows

NATO: Abkürzung für North Atlantic Treaty Organization, **Nordatlantikpakt,** 1949 in Washington von 12 Ländern unterzeichneter Sicherheitspakt. 7 andere Staaten traten später bei. Die Partner sind zur gegenseitigen Unterstützung, nicht aber zum automat. militär. Beistand verpflichtet, wenn einer von ihnen angegriffen wird.
- potenzieller Weltkrieg (1945 USA Bodentruppen weg) → ausgeglichener Haushalt

- aktive Außenpolitik: Guerilliakriege: NATO parallel zum Marshallplan
- bis Koreakrieg nicht entschieden, ob atomare Planung oder anders (Intervention in Lände)
- politische Unterstützung, militärische Entziehung, USA hat versucht auf Bündnissystem zu verzichten (amerikanische Zurückhaltung in NATO) → nur wenige Jahre, viele Länder unzufrieden, Austritt, F z.B. enttäuscht, dass USA nicht mehr beteiligt
- NATO = Zweckbündnis; 1951 ANZUS-Pakt (Pazifikpakt), SEATO (Südostasiatischer Sicherheitsvertrag); 1955 Bagdadpakt
-

Warschauer Pakt:1955-91 zw. den kommunist. Staaten Europas bestehender Freundschafts- und Beistandsvertrag; bildete die Rechtsgrundlage für die Stationierung von Sowjettruppen in diesen Staaten. Der Warschauer Pakt war neben dem RGW die wichtigste multilaterale Organisation der europäischen kommunistischen Staaten. Nach den revolutionären Veränderungen in den Mitgl.sstaaten d.Warschauer Pakts seit 1989 löste sich Pakt 1991 selbst auf

7. Ostasien im Kalten Krieg 1945 – 1959:
- 1.Dezember 1949 Gründung Volksrepublik China
- für USA strategischer Verlust und Verlust von Prestige
- Bürgerkrieg in China → Mao hat Sieg aus eigener Kraft geschafft
- Spannungen zwischen Stalin und Mao
→ USA zog Konsequenzen daraus (Position als polit. Macht)
- Frage: Ausbau Japans, Wiederbewaffnung
→ Vorgeschichte Heißer Krieg: 1. französischer Vietnamkrieg

China (Taiwan): 1947 blutige Niederschlagung eines Aufstandes der Bev. durch nationalchin. Truppen. 1949 zog sich die Guomindang-Reg. (Chiang Kai-shek) mit dem Rest ihrer Truppen nach T. zurück und rief 1950 die Rep. China (inoffiziell »Nationalchina«) aus. 1971 wurde ihr die Mitgliedschaft in der UNO aberkannt und an die VR China vergeben, die eine Politik der Wiedervereinigung mit T. verfolgt.

China (VR): 1947 Erneuter Bürgerkrieg zw. der kommunist. Volksarmee und der Kuo-min-tang

1949	Sieg der Volksarmee, Gründung d. VR China unter Führung Mao in enger Zusammenarbeit mit der UdSSR (Vertrag 1950; 1980 gekündigt), Rückzug Chiang Kai-sheks nach Taiwan
1950/51	Besetzung von Tibet
1950-1953	Beteiligung am Koreakrieg zugunsten Nord-Koreas
Seit 1956	Seit Entstalinisierung in SU, Konflikt zw. China und SU über Führ. Im Weltkom.

- China 40jähriger Bürgerkrieg → keine Lös gefunden, unfähig mit USA Hilfe die Kommunisten Mao Tse-tungs zu bezwingen → Reg. Tschiang Kai-sheks verliert Vertrauen u. Hilfe der USA
- SU Situation ausgenutzt, Schaukelpolitik zw. Rot- u. Nationalchinesen, wollte nationale Interessen in Mandschurei durchsetzen, um Mao an SU zu binden

Japan: 1937-1945   Jap.-Chin. Krieg

1941 bis	Jap. Überfall auf Pearl Harbor, Kriegserklärung an die USA und Großbritannien
1942	Eroberung eines asiat. und pazif. Raumes mit etwa 450 Mio. Einwohnern
1945	Amerikan. Atombombenabwürfe auf Hiroshima und Nagasaki, Kriegserklärung durch SU, bedingungslose jap. Kapitulation. Japan von amerikan. Truppen besetzt
1947	In-Kraft-Treten der zweiten Verfassung (3.5.), durch die Japan in eine parlamentar. Demokratie umgewandelt wird (Kaiser nur noch Symbol des Staates und der Einheit der Nation)
1951	Friedensvertrag von San Francisco mit den USA und 47 weiteren Staaten
1956	Beendigung des Kriegszustandes mit der Sowjetunion
1960	Sicherheitsvertrag mit den USA

- amerikanische Rekonstruktionspolitik →and. Siegermächte gezielt von Besatzung ausgeschl.
- erst liberale Neuordnungspolitik, dann sollte Japan zur neuen Führungsmacht Ostasiens werden (Instrument der Containment Politik)
- SU auch hier Situation ausgenutzt, Vormachtstellung auf Balkan erkauft

8. Heißer Krieg in Asien 1950 – 1954

Koreakrieg 1950 - 53: 1945 Besetzung des nördl. Teils durch sowjet. und des südl. Teils durch amerikan. Truppen. 1948 Teilung K.s in 2 Staaten (Grenze: 38. Breitengrad). In den 1950 zw. Nord- und Süd-K. ausbrechenden **Koreakrieg** griff die UNO unter Führung der USA auf der Seite Süd-K.s ein, Nord-K. unterstützten starke chin. Truppen. Nach langen Verhandlungen wurde 1953 der Waffenstillstand abgeschlossen. Nach Scheitern von Friedensverhandlungen (1954) wurden die Beziehungen zw. Nord- und Süd-K. abgebrochen.

- Kim von Stalin Genehmigung für bürgerkriegsähnlichen Handstreich (seit 1949 vorberei.)
- → Stalin will Rückzug aus China durch neue Stützpkt. Ausgl.→Bündnis mit Mao Tse-tung 1949/50, den v. USA trennen, ihn international isolieren, China unter Kontrolle bringen
- Koreakrieg Ausgangspkt. Für atomaren Rüstungswettlauf (H-Bombe)
- Korea in Nachfolge des russ.-am- Krieges 1904/05, Teile des japan. Kaiserreichs 1910
- Kim Il Sung (N) gegen Syngman Rhee (S) Koreas →Konflikt 2 Staaten (innerkoreanisch)
- man stellt sich auf faktische Teilung ein, mögl. Wiedervereinigung, erst Aufrüstung
- Koreakrieg erst Bürgerkrieg N gegen S → dann in Kalten Krieg einbezogen
- USA will Japan aufrüsten, mit diesen Truppen intervenieren (Flurbereinigung Ostasien)
- SU jede dir. Konfrontation mit USA verhindert (keine Luftstreitkräfte bereitgestellt)
- USA unterstützt N → Rhee zu Reformen zwingen, Land freigeben
- Planungspapier NSC-68 von USA dafür gemacht: Aufrüstung um Feind zu vernichten → Gefahr der nuklearen Eskalation (brinkmanship), Risiko eingegangen
- als am. Truppen 38.BG erreicht aus Nordkorea zurück (Mac Arthur: Sicherheitsabstand, wollte „aus Versehen" China bombardieren
- Mao in Intervention gezwungen (Stalin Kim-Il- Sung hinter chin. Grenze verstecken)
- China Weltmacht, Partner der USA, 1951 38.BG (Grenze N-S Korea)
- USA weigert sich zu Waffenstillstandsverhandlungen, Restkrieg 2 Jahre

Vietnamkrieg (1950 – 54): um die Einheit und Unabhängigkeit Vietnams 1946-75 geführter Krieg, dessen 1.Phase auch als eigenständiger **Indochinakrieg** 1946-54, betrachtet wird

- Formosa seit 1948, Vietnam seit 1950 mögl. Ziel Intervention SU
- 1946 Ausbruch F – Vietnam Kolonialkrieg unterstützt USA
- Aufteilung Vietnam am 68.Breitengrad in N und S Vietnam geteilt (Genfer Konferenz)
- Selbstbefreiung Vietnams (nicht durch Rote Armee) → Briten Kapitulation 68.BG
- USA zuerst Desinteresse an Vietnam, später Situation in China verschlechtert→mehr
- Bürgerkrieg wegen F (schwächte F, D mög. Überholen→Wiederaufb. u. bew. behindert)
- Gründung VR China, Kommunismus bekämpfen durch Polizei, USA polit. Verlust von China Herbst 59 → USA erkennen für Vietnam Regierung an
- Bao Dai (Kaiser Vietnam) war hilflos→Hilfe v.USA(Finanz. vs vietn. Wiederstandskäm.) → Krieg Unabh. Vietn. verhindert in franz.Union; Versorgungslinie: Ho Chi Minh Pfad
- Diem- Regime (S) gegen Ho-Anhänger (N) → USA will S verteidigen durch Zerstörung
- 1950 Staatsgründung Vietnam → faktisch geteilt (Druck auf F), Ho Chi Minh erklärt freie Republik Vietnam im Norden Vietnams; Gewerkschaften Streiks wegen Waffenlieferung
- USA Ergebnis Genfer Konferenz 1954 (Teilung) nicht akzeptiert
- USA politisch und strategisch involviert (Einsatz Atomwaffen), direkte Intervention
- 1953 USA Planungen, noch keine Truppen usw. → USA erste Kriegsniederlage →Genf
- 1968 Nixon gewählt →wollte Vietnamisierung des Krieges (vietnamesische Truppen)
- 1973 Waffenstillstand N- Vietnam und USA

9. Deutschland 1945 – 1956: 1.Teilung und Staatsgründung 1945 – 1949

- USA: will Stabilisierung Dt. (Selbstversorgung) → Kostensenkung, Teilung ungünstig
- GB: will Bizone mit USA, da britische Zone total unversorgt mit Lebensmitteln
- SU: SMAD- Befehl 1945 (Position besetzen), Teilung verhindern, Wiederbegründung KPD → Volksdemokratie, Bündnispolitik darauf ausgerichtet (Bodenreform 1945, u.a.), SBZ ausgebaut (zentrale Planwirtschaft, neue Parteien →Separationsstaatsbildung
- 8.Mai 1945 bedingungslose Kapitulation Dt., Kriegsende in Europa
- souveräner Staat von Großmächten aberkannt → Neuordnungsrecht
- „Feindstaatenklausel" → politische Kapitulation 5.Juni 1945
- 4 BEZmächte, Potsdamer Abkommen: → am. Entwürfe Henry Morgenthau (Schwerind.)
→ 4 D's: Denazifizierung, Demilitarisierung, Demokratisierung, Dekartellisierung
- Dt. sollte friedliebend werden → „Strafvorstellungen"

- **Am: Morgenthau-Plan:**, benannte Denkschrift von 1944; sah die Entmilitarisierung, Verkleinerung und Aufteilung Dtl.s vor, seine Reduzierung auf den Status eines Landes mit vorwiegend agrar. Charakter durch Zerschlagung seiner Ind.;
- alliierter Kontrollrat → gemeinsame Kontrolle (oberste Militärchefs)
- GB und USA Vorrang → Konflikt unvermeidlich, da Kontrolle eigene Zone
- SU beharrt auf Zone, wachsendes Misstrauen → eigentlich dagegen alliierter Kontrollrat
  → Besatzungsverwaltung loswerden (gesamtdeutsche od. zonale Verwaltung)
- Clay wollte Arrangements in Dt.: USA militärisch aus Europa zurückziehen, 46 Dt. Zentralverwaltung in 4 Zonen, Amerikaner Selbstverwaltungsstelllen)
- 45 Länderrat amerikanischer Zone (Kommunalwahlen) → engl.- am. Bi- Zone errichten
- F und SU wollte Clay zur Kooperation zwingen; Vorabreparationen dann eingestellt
- 46 Beginn der „Spaltung", F in eigene Zone zurückgezogen
- Pariser Außenministerkonferenz: Burns- Plan: 40 J. Entmil. Dt.(kein heiml. Rüsten)
- ABZ,EBZ Zusammenschl. → Wendepkt. Burns Rede: Einbeziehung Westz. in Marshallp.
- 1947 wollten Spaltung verhindern (Gesamtdt. Lös. → abgelehnt)
- 48 Londoner 6 Mächte Konferenz: FBZ zur Tri- Zone

- **GB:** 1.Verwaltung durch D selbst unter alliir.Kontrollrat 2. Erhalt der ökonom. Selbstvers Dt. 3.Besatzungsdauer v.GB nicht def.(ind. Herrschaft)4.Wiederaufb. ohne Dt. nicht mög.
- Konkurr. mit SU, sind gegen Teilung, mit USA Zusammenschl.,später Interesse gesunken

- **F:** De Gaulle wollte Gesamtdt. Lös. Verhindern → Revision: 1. Abtretung Rheingebiet an F 2. Abtrennung Ruhr 3.Zerstör. dt. Wirt.potential (Reparationen) 4.Wirkungen: schnell gesamtdt. Lös. u. frühe Teilung verhindert, langfristig neue Lös.(NATO, Mars.,Montan)

- **SU:** Stalin nur kurze Präsenz in Dt. eingerechnet (10 – 12 J. wieder starkes Dt.)

- **Ziele:** 1. Sicherheit vor wider starkem Dt. 2. Schaffung Hegemonialzone 3. Einflussnahme in ganz Europa → machtpolit. Globale Ebenheit mit USA
- Nur Planungen für Wiederaufbau Dt., Stalin geht von Teilung aus (wegen Westmächte) →setzte auf Volksfrontpolitik(D will sich nicht teilen lassen, Nationalsozialism. genutzt)
→ (Volks-) Demokratisierung (nur eine bürgerl. Partei zulassen, aber 2 →CDU, SPD)

10. 2.Wiederbewaffnung und Wiedervereinigung 1950 – 1954

- Einbindung der Randzonen der Militärblöcke in Mitteleuropa → stillschweigende Akzeptanz des Status Quo in Deutschland
- 1950 Wiederbew.debatte in BRD: Wiedervereinigung und/durch/oder Westintegration
- Wiederbewaffnung von Dt. verlangen → Reaktion der Dt. abgewartet
- Europäer wenig Interesse an vereintem Europa, Verfolgung Kommunisten
- Adenauer (BRD) und Ulbricht (DDR) nicht öffentlich Widervereinigung zugestimmt
- Teilung als Zwischenstation zur Wiedervereinigung
- Armee = souveräner Staat → Adenauer wollte Wiederbewaffnung (1950)
→ Wiedervereinigung durch Wiederbewaffnung
- SBZ schon 1947 Militarisierung auf sowjetische Anordnung
- Sicherung Zonengrenze durch getarnte Volkspolizei (Grenzpolizei, Bundespolizei)
- 1948 Verkündung Berlinblockade (Gründung westdeutscher Staaten verhindern)
- Franzosen Vorschlag des Pleven- Plans (wie Marshall, Schumann)
- 1950 innenpolitische Auseinandersetz. deswegen (Nat. Front des wiedervereinigten Dt.)
- Koreakrieg nur Probe für dt. → nach Ausbruch westdeutsche Bev. aufgerufen
- Selbstbefreiung der Westzonen aus dem Osten → Wiedervereinigungsinitiativen
- Politischer Kampf gegen Nationalisten, 17. Juni 1953
- Anerkennung DDR, Abhaltung freier Wahlen, 1951/52 Verträge unterzeichnet: EVG,
- **Stalinnoten 1952:** 1 Note: unnormalen Zustand 2 dt. Staaten beenden, Friedensverhandlungen zw. Siegermächten mit Dt., Gesamtdeutsche Regierung
- 2. Note: Neutralität Dt., Verzicht Oder/Neiße Gebiete, innere Ausgestaltung Dt.
→Stalin wollte dt. Volk für sich gewinnen, wollte Wiedervereinigung, Westalliierte nicht daran interessiert, 1952 überzeugt, dass Teilung gute Sache, kein erstrebensw. Ziel für USA

11. Entspannungspolitik 1954/1955

- Hegemonie in Blöcken, Abh. D. kleineren Staaten → Deeskalation (Entspannung)
- Waffenstillstand Korea, neue SU- Reg. → Anfänge europ. Integration (Unabh. USA)
- Gütertransport unterbunden (Marshallplan), dadurch Embargo (Handelsverbot, Waffen)
- CoCom gegründet, NATO, 1950 Ansätze des Kalten Kriegs verschieden:
→ USA: Blockbildung, Ausbau NATO, Rüstungswettlauf mit GB, Erhaltung (Eskalation)
→ F: gelassen (Embargo und NATO umgangen → Umweg über Schweiz)
→ BR: Alliierte Kontrollen, Osthandel Wiederaufnahme, Aufrüstung
- Ostausschuss der dt. Wirt. → Kontrolle Embargo, Entspannung durch Handel → Freihandel, Öffnung des Marktes, Höhepkt. Entspannung: EWG Gründung

Genfer Konferenzen: 1) Abrüstungskonferenz der 18 Mächte, seit 1962; Abrüstung.

2) Indochina-Konferenz, 1954, Teilnehmer: VR China, Frankreich und die mit ihm assoziierten Staaten Laos, Kambodscha, Vietnam sowie Großbritannien, die UdSSR, die USA; führte zum Waffenstillstand in Indochina und zur Teilung Vietnams.

3) Gipfelkonferenz, 1955, Teilnehmer: Regierungschefs und Außenmin. Frankreichs, Großbritanniens, der USA und der UdSSR, Verhandlungen über die Wiedervereinigung Dtl.s, europ. Sicherheit, Abrüstung, Ost-West-Kontakte.
- Gründe USA Entspannung: Wechsel er Reg., Rüstungskosten, Beenden Koreakrieg, massive Vergeltung (atomare), Wettlauf um Asien und Afrika (Selbsthilfe)
- SU vergleichbar: Wettrüsten USA, atomare Waffen, Waffenstillstand Korea

- Entsp.: 2 Staaten Theorie Dt., Aufst. (17.Juni), Ö-Frage, E, F wollen Gleichberechtigung
- Westeuropäer: rebellieren gegen Dominanz der USA im Bündnis (Abh.) → Reaktionen: europ. Interg. und/od.Drängen Abrüstung, Entspannung (Wiederb. BRD verh.), Osthandel
- USA: Verteidigung der Bündnispartner (New Look)→Wiederb. BRD, Integ. in NATO
- SU: Neuer Kurs (Abrüstung), Abschluss Blockbil., 1953„Friedensinitiative"(Dt. Frage) → scheitert auf Berliner Konferenz (USA kein Interesse, Gegensatz GB,F), Übertragung Souveränität auf DDR, diplom. Bez. BRD (Status Quo abgeschl.), 1955 Ö-Staatsvertrag
- **Ergebnisse Entsp**.: Waffenstillstand Koreakrieg 1953, Beenden Vietnamkrieg durch Teilung (Indochina-Konferenz), Treffen „Großen 4" seit Potsdam

12.Neue Krisen 1953 – 1956:

- SU an Bedürfnisse Bev. orientiert, Wiederbewa. BR, Ausbau DDR, Verschärfter Klassenkampf

Siebzehnter Juni: Juniaufstand: die v.a. von Industriearbeitern in den Großstädten und Industriezentren der DDR getragene Erhebung vom 17.6. 1953, die, ausgelöst durch einen lohnpolitischen Konflikt (Erhöhung der Arbeitsnormen), sich zu einer Protestbewegung gegen die Pol. der SED u. der von ihr getragenen Reg. steigerte, von sowjet. Truppen niedergeschlagen
→Ausnahmezustand verhängt; danach DDR kein BZland mehr
→ Generalstreikforderungen: Lohnauszahlungen, Lebenskostensenkung, freie geheime Wahlen
→ + Bilsener Aufstand waren Folge der Entspannungspolitik
→ Prozess, Erschießungen, erst allg. Verbitterung, dann politische Forderungen

Polen: - Posener Aufstand 1956, durch Entstalinisierung begünstigt, Gomulka an Macht

Ungarn 1956: Ein am 23.10. 1956 in Budapest u.a. Orten ausgebrochener Volksaufstand mit dem Ziel größerer außen- und innenpolit. Freiheit wurde durch sowjet. Truppen niedergeschlagen
→ wegen neuer Reformen (Kominform 56 (Entstalinisierung)) in Polen und Ungarn:
- Folge der Reformpolitik: Arbeiterräte eingerichtet,Bürgerkrieg u.nation. Befreiungskriege
- Nagy 1956 als Ministerpräsident Führer der ungarischen Volkserhebung; wollte Neutralität Ungarns und Blockfreiheit, SU nicht hingenommen, Intervention
- Abzug Rote Armee aus Ungarn, neue Regierung gewählt → SU Austritt aus Warschauer Pakt (Moskauer Truppen/Rote Armee) → breit Polen Status wie Ungarn

Suez – Krise 1956:1956 wurde die Suezkanalgesellschaft, die die Kanalgebühren erhob, von Ägypten verstaatlicht. Dies führte 1956 zu anglo-französischen militärischen Operationen im Gebiet des Suezkanals und zum israelischen Sinaifeldzug **(Suezkrise).**
→ Angriff Israel auf Ägypten (Ulbricht Intervention in Ägypten gewollt)

- **Ursachen:** Gründung Israels, gespanntes Verhältnis zu arabischen Nachbarn, Dekolonisierung in Afrika (Algerienkrieg 1956), 1955 Gründung Blockfreie Bewegung
  → Diktator Nasser Chance Emanzipation u. arabischen Machtraum
- Assuan- Staudamm (1 Projekt Entw.hilfe) → Grundlage für Modernisierung Ägypten
- Nasser von SU Waffen, USA Finanzierung für Assuan weg, Nasser aus Suezkanal selbst Einnahmen für Projekt → F, GB Israel vorgeschickt (Aufrüstung) → Grund Intervention
- Stau des Suezkanal mit Kriegsschiffen, Unfähigkeit Ägypten bewiesen →mit SU Lotsen trotzdem geschafft; SU bluffte mit Nuklearangriff; Sieger: Nasser, USA, SU

- **Bedeutung:** 1.erster großer N-S Konflikt (Befreiungskriege) 2.O-W-Konflikt (Unabhängikeit) 3.Emanz.arabischer Raum (innere Spaltung) 4.nichtgelöste Israelfrage 5.innere Brüchigkeit NATO, Warschauer Pakt (Entsp.zu schnell gekommen) 6.Eisenhowerdoktrin (Erdöl)
- Polenkrise parallel zu Ungarn- und Suezkrise
- Suezkrise für GB, F Möglichkeit zur Eigenständigkeit
- Teil der Entspannungspolitik zw. Ost und West (Anerkennung Status Quo)

13. Berlin- Krise 1958 – 1961, Kuba- Krise 1962

Berlinkrise: - 1956 erste Nachkriegsphase zuende → in neue Welt eingerichtet
- 1957 EWG Gründung, Nasser neue Befreiungsideologie der Völker
- Berlinkrise von UdSSR provoziert → Souveränität auf DDR übertragen 1954
- 2- Staaten Theorie → Hoffnung auf Wiedervereinigung; wachsende Krisen in DDR
- NATO- Rat 1958: Verteidigung Berlins, Drohung DDR separat Frieden schließen (SU)
- Aufnahme diplomatische Beziehungen mit BRD 1955: a) Aufstellung Bundeswehr 1957
  b) Debatte über deren atomare Bewaffnung c) Erfolge in 3ter Welt (Suezkrise) d)
  weltpolit. Auftreten VR China 1958 e) Vorsprung (Sputnik 1957)
- Genfer Deutschland- Konferenz 1959 ergebnislos
- Besuch in Camp David Eisenhower → Ergebnisse zur Berlinfrage
- DDR durch Fluchtwellen ausbluten, JFK zeigt Schwäche (neu gewählt, unterschätzt)
- Chrutschtschow gibt Ulbricht Mauerbau 13. August 1961 nach
- Westberlin (Westalliierte) besonderen Status anerkannt

Kuba Krise: 1958 wurde Präs. Batista nach dem Guerillakrieg F. Castros gestürzt → Unabh.
Land; seitdem Aufbau eines sozialist. Staates mit militär. und wirtsch. Unterstützung durch die
UdSSR. Im Okt. 1962 kam es zu einer internat. Krise **(K.-Krise)** wegen des Baus von
Abschussrampen für sowjet. Raketen; nach Blockade K.s durch die USA Einlenken der UdSSR.
Staatsoberhaupt ist seit 1959 F. Castro (revolutionäre Regierung) → Intervention
- Bruch mit USA trieb Castro an Seite der SU, warnte ihn vor geplanter Landung in
  Schweinebucht (1961), außerdem USA Mittelstreckenraketen in Türkei stationiert
- SU in Kuba Kurzstreckenraketen installiert → außerhalb des eigenen Territoriums Station
- → Westeuropa bedrohen, damit dort Entspannungs – u. Abrüstungsangebote eingehen
- SU zum Rückzug/Abzug der Raketen zwingen (Seeblockade Kubas) →Extremfall atomar
- Kennedy im Gegenzug Raketen aus Türkei abziehen (geheimer Briefwechsel)
- Gefahr des Weltkriegs größer als je zu vor (Höhepunkt) → danach Enspannung
- 1963 Rotes Telefon eingerichtet (dir. Verbindung SU – Amerika)